VILLE DE METZ.

SOCIÉTÉ DE L'UNION DES ARTS.

EXPOSITION D'ŒUVRES D'ART,

OUVERTE

DANS LES SALONS DE L'HOTEL DE VILLE,

LE 20 JUIN 1852.

CATALOGUE

DES OUVRAGES EXPOSÉS.

Prix du Catalogue : Cinquante centimes.

L'Exposition est ouverte depuis onze heures du matin jusqu'à cinq heures du soir.

L'entrée en est publique et gratuite les dimanche, lundi, mardi, vendredi et samedi ; le mercredi et le jeudi sont réservés aux personnes qui paient cinquante centimes ou prennent un billet de loterie.

Disposition des salles : Les peintures à l'huile (à l'exception de celles de M. Maréchal) sont exposées dans le grand salon et le salon de Guise ; les pastels, dans le salon carré et sur les premières parois du grand salon ; les aquarelles et les dessins, dans le salon de Guise ; et les peintures sur verre, dans la salle pavée.

Les astérisques marqués avant les numéros indiquent les ouvrages dont le prix est déposé au secrétariat.

Un arrêté de M. le Préfet de la Moselle autorise la Société à ouvrir une loterie d'œuvres d'art. On peut demander des billets à l'hôtel de ville, au gardien de l'Exposition, et au bureau de l'*Union des Arts*, 9, rue des Clercs, à Mme Salzard. Le prix en est fixé à 5 francs. L'argent des souscriptions est consacré intégralement à l'acquisition d'objets exposés.

Trois billets donnent droit à un exemplaire d'un album, tiré avec luxe chez Chardon aîné, renfermant huit gravures, de MM. de Lemud, André Malardot, Joseph Hussenot et Gonzalve Malardot (nos 104, 110, 133, 161, 163, 164 et 165 du catalogue).

(MM. les artistes exposants sont priés de remettre au gardien de l'Exposition leurs observations sur le texte du catalogue, pour qu'il en soit tenu compte dans le second tirage qui sera fait le 1er juillet.)

LISTE

PAR ORDRE ALPHABÉTIQUE

DES

ARTISTES EXPOSANTS

AVEC LE

NUMÉRO ET LE TITRE DE CHACUN DE LEURS OUVRAGES.

BARTHELEMY.

1. — Madone (*Aquarelle.*)

BELLEVOYE, graveur, place d'Austerlitz, à Metz.

2. — Vue du pont du chemin de fer, à Ars-sur-Moselle (*Médaille*).

BERNARD (Mlle DELPHINE), à Nancy,

Élève de M. Maréchal.

3. — (1846). Portrait d'enfant (*pastel*).
4. — » Tête de jeune fille (*id.*).
5. — (1848). Portrait d'enfant (*id.*)
6. — (1849). Etude d'après une bohémienne (*id.*).
7. — (1851). Portrait (*id.*).
8. — » Croquis (*id.*).

BORNSCHLEGEL (VICTOR DE), de Sierck, rue de l'Abbaye, 3, à Paris.

9. — La lecture (*peinture à l'huile.*)
Appartenant à M. de Bouteiller.
10. — Marchande de volaille (*id.*).
11. — Esquisse (*pastel*).
12. — Un voyageur (*id.*).

CATHELINAUX, place Sainte-Croix, 5, à Metz.

13. — (1850). Portrait de M. L. C. (*peinture à l'huile*).
14. — (1851). Chien d'arrêt, pointer anglais (*id.*).
15. — » Chien braque français (*id.*).
16. — (1852). Le maestro (*id.*).
17. — » Le ménétrier (*id.*).
18. — » Intérieur d'écurie : cheval de race (*id.*).
19. — » » chevaux percherons (*id.*).

CRAS, rue Chambière.

20. — La Prière (*peinture à l'huile*).

CHARMEIL (Mme), à Chantilly.

(Metz, jusqu'en 1835.)

21. — (1840). Cacatoès (*aquarelle*).
22. — (1843). Liserons (*id.*).
23. — » Anémones (*id.*).
24. — (1851). Bouquet varié (*id.*).
25. — » Clématites et Roses (*id.*)
26. — (1852). Altéas (*id.*).

CHEVREUX, place Sainte-Croix, 5, à Metz.

27. — Portrait de M. P. D. (*huile*).

COUPIN, rue du Pont-des-Morts.

28. — Intérieur de la chapelle de Notre-Dame-de-Bonsecours-lès-Péruwelz (Belgique) (*peinture à l'huile*).
29. — Les *Alliettes :* Intérieur d'un estaminet d'enfants à Condé (*id.*).
30. — Portrait de M. F. D. (*id.*).
31. — » de Mlle J. V. (*id.*).
32. — » de Mlle V. L. (*pastel*).

COURTOIS, rue des Carmes, 40, à Nancy.

33. — Portrait de Mme K. (*aquarelle et mine de plomb*).
34. — » de M. G. (*id.*).
35. — » de Mme S. (*id.*).
36. — » de Mlle H. (*id.*).

DEVILLY (Th.), au Palais-Français.,

Élève de MM. Maréchal et Paul Delaroche.

37. — (1844). Polichinelle (*dessin à la plume*).
Appartenant à M. L.-C. Valette.
38. — (1846). Solitude (*peinture à l'huile*).
Appartenant à M. Auguste Rolland.
39. — (1852). La première aumône (*id.*).

DUHOUSSET (Émile), professeur à l'école Saint-Cyr.

40. — Médaillon de M. F. de L.

FAIVRE (Emile), rue Jurue, à Metz.

41. — (1850). Pâtre des Hautes-Terres (*fusain*).
42. — » Iris bleus (*aquarelle*).
Appartenant à M. Gandar.
• 43. — » Pavots (*id.*)
• 44. — » Laurier rose (*id.*)
• 45. — » Coquelicots (*id.*)
46. — (1851). Le Bon Samaritain (*fusain*).

« ... Puis, l'ayant mis sur son cheval, il le mena dans une hôtellerie..., il tira de sa bourse deux deniers qu'il donna à l'hôte en lui disant : Ayez soin de cet homme, et, tout ce que vous avancerez de plus, je vous le rendrai à mon retour.... » (Saint-Luc.)

• 47. — (1852). Iris variés (*aquarelle*).
• 48. — » Pivoines (*id.*)

FAIVRE (Mme Emile).

Elève de M. Maréchal et de Mme de Mirbel.

49. — (1851). Portrait de Mlle L. (*aquarelle*).
50. — » » de M. de L. (*id.*)
51. — (1852). » de M. G. (*miniature*).
52. — » » de Mme de B. (*id.*)
53. — » » de Mlle de T. (*id.*)
54. — » » de Mlle . (*aquarelle*)

FAIVRE (Octave).

• 55. — (1851). Train d'artillerie (*fusain*).
• 56. — (1852). Ecurie (*id.*)

FEYEN (EUGÈNE), place d'Alliance, à Nancy.

* 57. — (1845). Une Jardinière.
* 58. — » Le Petit Chaperon-Rouge.
59. — (1851). Portrait de M. D.
60. — (1852). » de M. E. F.

FEYEN (AUGUSTE), à l'Ecole des Beaux-Arts.

61. — Bouquetière à la porte d'un théâtre (*étude*).

FOURNEL (Mlle), rue du Pont-Saint-Marcel, à Metz.

(Elève de M. Maréchal.)

62. — (1844). La Prière (*pastel*).
63. — (1850). Portrait de Mme la marquise de C. (*id.*).
64. — (1851). » de Mme D. (*id.*).
65. — » » de M. L. (*id.*).
66. — (1851). » de M. A B. (*id.*).
67. — » Tête d'enfant, étude (*id.*).

FRANÇAIS.

68. — Lithographie d'après les *Mares de Breuil* de M. Aug. Rolland.
Appartenant au portefeuille de *l'Union des Arts*. Tome I.

FRATIN, de Metz.

69. — Lionne et Lionceaux (*bronze*).
70. — Jument (*id.*).
71. — Marcassin (*id.*).
72. — Chiens (*modèle en terre*).
Fait à Metz et appartenant à M. Hussenot.

GUÉRARD (E.), à Nancy.

73. — (1848). Une procession sous Henri II (*peinture à l'huile*).
74. — (1851). Une scierie dans le canton de Berne (*id.*).
75. — » Le lac des quatre cantons (*id.*).
76. — » Route de l'hospice du Saint-Bernard (*id.*).
77. — » Le cours de l'Aar (Oberland Bernois) (*lithographie*).
78. — Après la retraite (*peinture à l'huile*).

GUIAUD (JACQUES), à Nice.

79. — Vue du château de Monaco (*paysage à l'huile*).

HAILLECOURT (Mlle CAROLINE), rue Bonne-Ruelle, à Metz.

Élève de M. Maréchal et de Mme de Mirbel.

80. — Huit miniatures.

HUMBERT (A), rue des Prisons-Militaires.

81. — Madone (*figure en plâtre*).
Commandée pour l'église Saint-Vincent.
82. — » (*même figure*), modèle au tiers de l'exécution.
83. — Saint Vincent, martyr (d'après un carton de M. Maréchal), modèle au tiers d'une statue
Commandée pour l'église Saint-Vincent.
84. — Le triomphe de la religion (*groupe*).
85. — Saint-Vincent-de-Paul (*statue*).
86. — Combattants du moyen-âge (*bas-relief*).

HUREL (ALEXANDRE), de Metz.

87. — Gravures sur bois.

HUSSENOT (J.-M.-AUGUSTE), rue aux Ours, à Metz.

Élève du baron Gros et de l'École des Beaux-Arts. (Médaille d'or au salon de 1846).

88. — (1855). Portrait de feu l'abbé Matte, curé de Sainte-Ségolène.
89. — (1842). Enfance de Giotto (*peinture a l'huile*).
90. — (1845). Portrait de l'auteur (*id.*).
91. — (1846). » de Mme H. (*id*).
92. — » » de M. Migette (*id.*).
93. — (1847). » de Mlle H. (*id.*).
94. — (1849). » de M. D., après sa mort (*id.*).
95. — (1851). » de M. D. jeune (*id.*).
96. — (1852). » de Mme Ch. V (*id.*).
97. — » » de Mme A. de L. (*id.*).
98. — » » de M. P. (*id.*).
99. — » » de Mme Em. S. (*id.*).

HUSSENOT (JOSEPH), rue aux Ours, 20.

(Élève de son père et de l'École des Beaux-Arts.)

100. — (1848). Arrestation du conseiller Broussel (*dessin à la plume*).
Appartenant à M. L. Blondin.

101. — » L'Ecolier, le Pédant et le Maitre d'un jardin (*id.*).
Appartenant à M. Jeandel

'102. — (1849). Saint Sébastien (*peinture à l'huile*).
103. — (1850). Christ mort (*carton au fusain*).
104. — (1851). Le Marchand de Jouets (*gravure à l'eau forte*).
Offerte au Portefeuille de *l'Union des Arts.*
'105. — » Moine en prière (*peinture à l'huile*).
106. — (1852). Scène d'atelier (*dessin à la plume*).
Appartenant à M. le comte de Caulaincourt.
107. — » Tête d'étude (*fusain*).
108. — » Saint Jean-Baptiste, étude (*id.*).
109. — » Episode de la Saint-Barthelemy (*id.*)
110. — » Gravure à l'eau forte.
Offerte à l'Album de *l'Union des Arts.*
111. — » L'Assomption de la Vierge (*fusain*).

JAUBERT (Amédée de), de Metz.

112. — Paysans de la campagne de Rome.

Ils s'arrêtent en entendant sonner l'*Ave Maria.* La mère apprend à son enfant à dire le chapelet.

113. — Madone (Copie faite à Venise d'après un vieux maître).

LABROUE, rue du Four-du-Cloître, à Metz.

114-6. — Miniatures.

LALLEMENT (Mlle Alexandrine).

(Élève de M. Hussenot père.)

117. — Portrait de Mme et M. d'H., de Mme T., de M. C., et de Mlle A.-J, (*fixés à l'huile*).
118. — Portrait de Mme de C. (*id.*).
119. — » de M.

LEMUD (AIMÉ DE), à Metz.

(Médaille d'or. Salon de 1845)

120. — (1833). Salvator Rosa (*dessin*).

121. — Dessins à la plume et lithographies.

122. — Wolframb, sujet tiré des *Maîtres chanteurs* d'Hoffmann (*lithographie*).

123. — L'enfance de Callot (*id.*).

124. — Mélanges (*id.*)

125. — Le retour des cendres (*id.*).

126. — Hélène Adelsfreit, sujet tiré des *Sept cordes de la lyre* de Georges Sand (*id.*).

127. — (1844). Le Prisonnier, sujet emprunté aux *Hirondelles* de Béranger (*tableau à l'huile*).

Hirondelles, que l'espérance
Suit jusqu'en ces brûlants climats,
Sans doute vous quittez la France :
De mon pays ne me parlez-vous pas ?

128. — Vignettes. I. Homère : Frontispice et deux sujets.
II. Notre-Dame de Paris : Frontispice de l'ouvrage et des livres 5 et 7.
III. Béranger : Frontispice. Le Juif-Errant. Les Hirondelles.

129. — (1845). Les Etoiles qui filent. (Original de la gravure publiée dans le Béranger illustré.)

130. — (1846). Louis XI (*id.*).

131. — (1847). Le Café (*tableau à l'huile*).

132. — Le violon de Crémone, tiré d'Hoffmann (*dessin à la plume*)

Appartenant à Mme Cuvier.

133. — (1847-51). Cinq gravures. (Une de ces gravures a été faite pour la loterie de la Société des Amis des Arts en 1850 ; la dernière, pour le portefeuille de *l'Union des Arts*, décembre 1851.)

LEMUD (FERDINAND DE), élève de son frère.

134. — (1849). Aquarelle.
135. — (1851). Le billet (*premier croquis à l'huile*).
136. — (1852). Paysans bas-bretons du Finistère (*tableau à l'huile*).

LEPETIT.

*137. — La chasse (*bois sculpté*).
*138. — Les gueux (*id.*).
*139. — Jardinier (*id.*).
*140. — Laitière (*id.*).

LUCAS (J.), à Paris.

141. — Vue de Monaco (*paysage à l'huile*).
Appartenant à M. R. Des Robert.
*142. — Vue du grand canal de Venise (palais Cavalli) (*id.*).
*143. — Saint-Georges-des-Grecs, à Venise (*id.*).
*144. — Scierie dans la vallée d'Aoste (*id.*).

LUCY, à Dijon,

(Fondateur et président de la Société des Amis des Arts de la Moselle.)

145. — Paysage à l'huile.
146. — Aquarelle.
147. — Quatre aquarelles.

LYON (Léon), rue des Récollets, 3 bis, à Metz.

148. — (1840). Portrait de M. G. D., de l'ile Maurice.
* 149. — (1852). Les sœurs de Saint-Vincent de Paul à l'ouvroir des orphelines (*peinture à l'huile*).
* 150. — » La petite fille grondée (*id.*).
* 151. — » Le pêcheur matinal (*id.*).
* 152. — » L'harmonie des bois (*id.*)
153. — » Portrait de M., Mme L. et leur enfant (*id.*).
154. — » » de M. S. (*dessin*).
155. — » » de M. L. B. (*id.*)

MALARDOT (Charles-André), place des Maréchaux.

156. — (1849). Chaumière dans les Vosges (*eau forte*).
157. — » Sapins (*id.*).
158. — » Mare dans les Vosges (*id.*).
159. — » Ruines dans les Vosges (*id*).
160. — (1850). Le chaume, d'après M. Aug. Rolland (*id*).
Portefeuille de l'*Union des Arts*. Tome I.
161. — » Moulin à vent; peupliers (*id.*).
Album de l'*Union des Arts*.
162. — Souvenir des Vosges (*id.*).
163. — (1851). Clocher (*id.*).
Album et portefeuille.
164. — » Mare (*id.*).
Album.

MALARDOT (Gonzalve).

165. — La Bouillie (*eau forte*).
Portefeuille et album de l'*Union des Arts*.

MANNIER (Charles), à Wesserling (Haut-Rhin).

(Metz et Rémilly de 1843 à 1844.)

166. — (1843). Camélias (*aquarelle*).
167. — » Pommier à fleurs roses (*id.*)
168. — » Dahlias (*id.*).
*169. — (1850). Allée au soleil couchant dans les bois de Fontainebleau (*paysage à l'huile*).
170. — » Allée dans un parc (*id.*)
171. — (1852). Châtaigniers aux environs de Côme (*id.*)

MASSART, à Etain (Meuse).

172. — Marine.

MARC (Auguste), de Metz, rue Neuve-Bréda, 6, à Paris.

*173. — Le premier lit (*peinture à l'huile*).
*174. — Viendra-t-il? (*id.*)

MARÉCHAL, rue des Clercs, 3, à Metz.

(Peintre d'histoire : Décoré après le salon de 1842. — Peintre verrier : Médaille d'or à l'Exposition universelle de Londres, en 1851.)

175. — (1825). Tête d'étude (*peinture à l'huile*).
176 — » » (*id.*).
177. — » » (*id.*).
178. — (1830). Paysage (*pastel*).
(Origine de l'application du pastel au paysage.)
179. — (1831). Les Frères Baudes conduits au supplice. Episode de l'histoire de Metz au seizième siècle (*peinture à l'huile*).

Appartenant à M. Dieudé.

180. — (1832). Portrait de M. Faivre (*id.*).
181. — (1836). Les Moissonneurs (*id.*).
Appartenant à M. d'Asnières.
182. — (1837). Portrait de M. W. (*id.*).
183. — (1838). Pris en vue de Capri, croquis (*pastel*).
184. — » Pris en vue d'Ischia, paysage (*id.*).
Appartenant à M. Emile Bouchotte.
185. — (1840). Les Bûcherons (*id.*).
Appartenant à M. Scoutetten.
186. — (1841). L'Architecte (*id.*).
Appartenant à M. Taigny.
187. — » Le Gitano (*id.*).
Appartenant au Cercle des Arts de Paris.
188-9. — » Fragments du carton du vitrail de Sainte-Catherine (*id.*).
190. — » Tête d'étude.
191. — (1842). Loisir (*id.*).
192. — (1844). Madone, fragment d'un travail exécuté pour Saint-Vincent-de-Paul (*carton*).
193. — (1845). Le réveil (*pastel*).
194. — » L'abandon (*id.*).
195. — » Tête d'étude (*id.*).
196. — (1847). Sainte Madeleine, fragment des vitraux de Saint-Germain-l'Auxerrois (*carton*).
197. — » Dans la rade de Toulon, croquis (*pastel*).
198. — (1848). Pris au bac de Moulins (*id.*).
199. — » Ruisseau, paysage (*id.*).
200. — (1851). Le cardinal Dubelloy, fragment de la verrière faite pour la sacristie neuve de Notre-Dame de Paris (*carton*).
201. — » Le Bourgmestre (*vitrail*).
202. — » Vaches sur le Saint-Quentin, croquis (*pastel*).
203-6. — » Rives de Moselle (*id.*), (*id.*).

207-8. — (1852). Portraits (*id.*).
209 — » Pâtre.

Tableau offert par l'auteur au musée de la ville de Metz.

210. — » Le duc de Guise (*peinture sur verre*).

Destiné à l'escalier de l'hôtel de ville.

MARÉCHAL (Raphael), rue des Clercs, à Metz,

Élève de son père.

211. — (1851). Le simoun (*carton au fusain*).
212. — (1852). Les naufragés (*id.*).

MENNESSIER (Auguste), rue des Prisons-Militaires, 1, à Metz.

213. — (1836). Paysage (*à l'huile*).
214. — (1837). Souvenir de la Suisse (*id.*).
215. — (1848). Effet du soir (*id.*)
216. — (1849). L'abreuvoir, paysage lorrain (*id.*).
217. — (1850). Effet de lune (*id.*).
218. — (1852). Paysage (*id.*).
*219. — » » (*id.*).
*220. — » Ruines d'un château-fort dans les Ardennes (*id.*).
*221. — » Souvenir d'un parc anglais (*id.*).
*222. — » La grenouille qui veut se faire aussi grosse que le bœuf (*id.*).
*223. — » Vue intérieure d'un village dans le duché de Nassau (*id.*).
*224. — » Neuf dessins (*wash-black*).

MENNESSIER (Louis).

* 225. — Souvenir de la campagne de Rome (*groupe*).
* 226. — Revers (*statuette.*).
* 227. — Le vieux Piqueur (*id.*).
* 228. — L'Halali (*id.*).

MICHEL (Emile), rue des Prisons-Militaires, à Metz.

229. — Un étang, effet d'automne (*paysage à l'huile*).
230. — Bords de l'Orne (*id.*).
231. — Un soir (*id.*).
232 — Chemin vert près de Vigneulles (*id.*).

PAIGNÉ (Mlle Mélanie), rempart Saint-Thiébault.

(Elève de M. Maréchal.)

233. — (1844). Etude (*pastel*).
234. — (1845). Fileuse lorrainne (*id.*).
235. — (1848). Portrait d'un officier d'infanterie (*id.*).
236. — (1850). » d'un officier de dragons (*id.*).
237. — » » de jeune fille (*id.*).
238. — » » d'enfant (*id.*).
239 — (1852). Jeune Fille des Landes, croquis (*id.*).
240. — » Portrait de Mme S. (*id.*).
241. — » » de Mme R. (*id.*).
*242. — » Porteuse de fruits (*id.*).
*243. — » Rêverie (*id.*).

PENGUILLY-LHARIDON (O).

(Metz.)

244. — (183). Dessin.

245. — Les Fourberies de Scapin (*peinture à l'huile*).

Appartenant à M. Devilly.

246. — Paysans bretons (*id.*).

Appartenant à M. Maréchal.

RACINE (JULES), architecte, place de Chambre.

247. — Porte de l'église de Coussey, près Neufchâteau (*dessin*).

ROLLAND (AUGUSTE), à Rémilly.

248. — (1836). Chouette morte (*pastel*).
249. — » Lecture pieuse (*mine de plomb*).
250. — (1837). L'attaque du convoi (*pastel*).
251. — » Gave de Pau (*id.*).
252. — (1838) L'enrôlement du bandit (*id*).
253. — » Les blessés (*id.*).
254. — (1841). Vaches passant un gué (*id.*).
255. — (1844). Village lorrain (*id.*).
256. — » Étude d'arbre avec des chevreuils (*id.*).
257. — (1845). Lièvre mort (*sculpture.*).
258. — » Paysage (*peinture à l'huile*).
259. — (1846). Chaumière (*pastel*).
260. — » Vaches sur un rocher (*id.*).
261. — » Croquis (*id.*).
262. — (1848). Clair de lune (*id.*).

Appartenant à M. Thirion.

263. — (1849). Renard (*id.*).
264. — » Deux hérons (*id.*).
265. — » Roses et pétunias (*id.*).
266 — » Aquarelle.
267. — » Chevreuil (*modèle en plâtre*).

268. — » Sanglier (*id.*).
269. — » Groupe de deux bassets (*id.*).
270. — (1850). Les mares de Breuil (*pastel*).
271. — » Soleil couchant (*id.*).
272. — » Trois vaches en pâture, croquis (*id.*).
273. — » Soleil couchant, croquis (*id.*).
274. — » Vaches s'abreuvant dans le fond d'un ravin (*id.*).
275. — (1851). Loup dévorant un chevreau (*id.*).
276. — » Vaches dans un paysage (*id.*).
Appartenant à M. Le Joindre.
277. — » Cochons sur la lisière d'un bois (*id.*).
Appartenant à M. Émile Michel.
278. — » Troupeau de porcs, croquis (*id.*).
279. — (1852). Sanglier blessé (*id.*).
279 *bis*. — » Croquis (*id.*).
280. — » Octobre (*id.*).
281. — » Novembre (*id.*).
282. — » Bords de la Nied (*id.*).
283. — » Chevaux en pâture (*id.*).
284. — » Hérons et sapins au clair de lune (*id.*).

SALZARD, rue des Clercs, 9, à Metz.

285. — (1850). Armure du comte de Soissons (*peinture à l'huile*).
286. — » Armure du prince de Condé et d'un croisé de la maison des comtes de Waldeck (*id.*).
287. — » Trophée (*id.*).
288. — » » (*id.*).
289. — (1845). Héron (*id.*).
290. — » Cigogne (*id.*).
291. — (1840). Taureau (*bronze*).

292. — » Cheval (*modèle en plâtre*).
293. — (1851). Statuette (*modèle en terre*).
294. — (1852). Panthère (*id.*).

STUREL-PAIGNÉ (Mme), rempart Saint-Thiébault.

Elève de M. Marechal.

295. — Extase de sainte Elisabeth (*pastel*).
296. — La petite Fille au chapelet (*id.*).
*297. — (1850). Roses trémières et Capucines (*id.*).
*298. — » Eglantines (*id.*).
299. — (1851). Roses trémières (*id.*).
300. — » Iris et Pivoines (*id.*).
Appartenant l'un et l'autre à M. Scoutetten.
*301. — » Lis et Pavots (*id.*).
*302. — » Pommes et Raisins (*id.*).
*303. — (1852). Pommes (*id.*).

TIGÉ (ADOLPHE).

(Metz et Rémilly, 1842-1844.)

304. — (1843). Tête d'étude (*pastel*).

WAGNER, place Sainte-Croix, 5, à Metz.

305. — Dernière vengeance d'Hérodiade sur la tête de saint Jean-Baptiste.
306. — Portrait de Mme M.
307. — » de M. TH. D.
307 (*bis*). —

WENKEL.

308. — Portrait du garde de Rémilly.

WINDERLING (NOEL), rue Saint Louis.

309-10. — Portraits.

WINTZ.

311. — Paysage à l'huile.
312-15. — Paysages au pastel.

Metz — Imprimerie S. Lamort.

www.ingramcontent.com/pod-product-compliance
Lightning Source LLC
LaVergne TN
LVHW050510160826
845677LV00003B/1049